Trockenfleisch

Biltong, Jerky & Co – selbst gemacht

Inhaltsverzeichnis

Einleitung

Trockenfleisch hat eine sehr lange kulturelle Geschichte, denn die Herstellung ist eine der ältesten bekannten Konservierungsmethoden. Dabei ist sie sehr einfach und gelingt unter allen klimatischen Bedingungen.

Was für unsere Vorfahren unter härtesten Lebensbedingungen als Grundnahrungsmittel diente, gilt jetzt wieder als begehrte Delikatesse.

Im Handel nur schwer — und recht teuer — zu bekommen, bietet die eigene Herstellung eine mühelose und günstige Alternative. Sie hat außerdem den Vorteil, „zu wissen, was drin ist", denn Trockenfleisch kommt ohne jegliche Zusatzstoffe aus.

Selbst unterwegs lässt sich Trockenfleisch problemlos herstellen.

Getrocknetes Fleisch beinhaltet sehr wenig Kohlenhydrate, sehr wenig Fett und viel Protein und gilt damit als ein sehr gesundes Nahrungsmittel. Besonders dann, wenn zur Herstellung Bio-Fleisch verwendet wird. Durch den Entzug des Wassers aus rohem Fleisch reduziert sich das Gewicht um ca. zwei Drittel, ohne große Verluste an Nährstoffen. Es eignet sich deshalb hervorragend für Outdoor-Aktivitäten, als Reiseproviant oder einfach als gesunder Snack zwischendurch.

Alles, was Sie brauchen, ist Fleisch — und Luft!

Einst Grundnahrungsmittel

Trockenfleisch gab es in vielen früheren Kulturen. In Europa galt es einst als Grundnahrungsmittel der Bergbauern, die durch monatelange Aufenthalte auf ihren abgelegenen Almen und unter teilweise extremen klimatischen Bedingungen auf haltbare, nahrhafte Lebensmittel angewiesen waren.

Die Völker Südamerikas sollen die ersten gewesen sein, die ihren Überschuss an Wildbeute auf diese Weise konservierten.

Hier die bekanntesten Varianten:
Bakkwa (China, Malaysia)
Schwein • Geflügel • Rindfleisch • Truthahn
Bakkwa ist ursprünglich eine Form der Resteverwertung in Südchina. Übrig gebliebene Fleischstücke wurden in feine Scheiben geschnitten, süß-sauer mariniert und anschließend getrocknet. Bakkwa ist noch heute ein beliebtes Geschenk am chinesischen Neujahrsfest. Dazu wird allerdings frisches Hackfleisch (!) auf einem Blech glatt gestrichen und im Ofen getrocknet. Sobald die Oberfläche fest ist, wird das Fleisch in Portionsstücke geschnitten, die anschließend gegrillt werden.

Biltong [Streifen vom Hinterteil] (Südafrika)
Rind • Kudu • Oryx • Strauß • Eland • Impala • Zebra • Springbock • Gemsbock
Das erste Biltong wurde im 17. Jahrhundert von holländischen Siedlern in Südafrika produziert. Sie nutzten eine Form der Haltbarmachung von Fleisch, die sie bereits kannten: das Trocknen. Das Fleisch wird in Streifen geschnitten, und mit einer

Mischung aus Essig, Zucker und Gewürzen eingerieben und so 1-2 Tage mariniert. Danach werden die Streifen an einem luftigen Ort 2-3 Wochen getrocknet. Verwendung findet das Trockenfleisch in allen möglichen Koch- und Backrezepten.

Die afrikanischen Völker stellten Trockenfleisch bereits viel früher her, indem sie einfach gesalzenes Fleisch an der Luft trockneten.

Borts (Mongolei)
• *Rind* • *Kamel* • *Pferd* • *Rentier* • *Yak*

Borts diente als Grundnahrungsmittel. Das in Streifen geschnittene Fleisch wurde „natur" — also ohne Gewürze — getrocknet, zum Verzehr klein zerstoßen und mit kochendem Wasser überbrüht.

Carne del Sol [Fleisch der Sonne] (Brasilien)
• *Rind* • *Ziege*

Für Carne del Sol wird das Fleisch in dünne Streifen geschnitten und nur leicht gesalzen. Durch die kurze Trocknungszeit von nur 2-4 Tagen in warmem Wind bekommt das Fleisch schnell eine harte Oberfläche, bleibt innen aber relativ weich.

Dadurch ist es nicht viel länger haltbar als Frischfleisch. Traditionell wird Carne del Sol gegrillt. Darüber hinaus verarbeitet man es zu Hackfleisch für Füllungen oder verwendet es als Suppeneinlage.

Carne seca [getrocknetes Fleisch] (Brasilien, Mexico, Portugal, Spanien)
• *Rind*

Carne seca wird in handlichen Stücken vor dem Trocknen in Zitronensaft, Gewürzen und sehr viel Salz mariniert. Wegen des hohen Salzgehaltes wird dieses Trockenfleisch meist zur Weiterverarbeitung in Eintöpfen, Suppen etc. verwendet. Dazu wird es erst mehrere Stunden gewässert, dann gekocht und geschnitten sowie schließlich den Gerichten untergemischt. Eine andere Variante ist das Rösten des Carne seca über offenem Feuer; man genießt es beträufelt mit Zitronensaft.

Charqui/Charque [getrocknetes Fleisch] (Argentinien, Bolivien, Peru, Portugal)
• *Guanako* • *Lama* • *Ziege* • *Schaf* • *Schwein* • *Pferd* • *Wild*

Für Charqui (oder Charque) wird das Fleisch in dünne Streifen geschnitten und ohne weitere Behandlung getrocknet. Deshalb ist in diesem Fall ein Fliegenschutz erforderlich. Nach der Trocknung wird das Fleisch zuerst im Backofen erhitzt und anschließend zwischen Salzschichten gelagert. Gegessen wird es sowohl trocken als auch in Gerichten. Dazu wird es zunächst mehrfach gewässert und danach gekocht oder gebraten.

Frescal [frisch] (Brasilien)
• Rind • Ziege

Frescal wird wie Carne del Sol vorbereitet und ebenfalls nur kurze Zeit (24 Std.) getrocknet. Im Unterschied zu den anderen Sorten wird dieses Fleisch im Schatten bzw. in absoluter Dunkelheit zum Trocknen aufgehängt.

Guanciale [Schweinebacke] (Italien)
• Schwein

Guanciale sind Schweinebacken, die mit der Fettschicht getrocknet werden. Entsprechend kurz ist die Haltbarkeit. Die Schweinebacken werden ca. 3 Wochen in Salz und Kräutern gepökelt und anschließend getrocknet. Verwendet wird das Fleisch in klein geschnittener oder gewürfelter Form als Bestandteil ver-

schiedener italienischer Gerichte, wie z.B. Spaghetti all'amatriciana.

Jerky [ruckartig] (Amerika)
• Rind • Hammel • Lamm • Ziege • Schwein • Elch • Bison • Karibu • Känguru • Krokodil • Pferd • Büffel

Diese weit verbreitete amerikanische Variante entstammt den Rezepten der indianischen Ureinwohner.
Das große Angebot an Fleischsorten und dazu die Verwendung verschiedenster Gewürze brachte eine breite Palette an Geschmacksrichtungen für das Trockenfleisch zutage.

Mokakin (Nordamerika)
• Bison

Mokakin ist eine erweiterte Pemmikan-Variante der Irokesen. Sie kneteten getrocknete Beeren und Nüsse unter die Fleisch-Fett-Mischung.

Pastirma [gedrückt] (Türkei, Albanien, Armenien, Bulgarien)
• Rind

Einer Legende nach legten die türkischen Reiter Zentralasiens dünne rohe Fleischscheiben unter den Sattel, bevor das so mit dem Salz des Pferdeschweißes „gewürzte" Fleisch getrocknet wurde.

Etwas weniger abenteuerlich ist die Überlieferung folgender, ziemlich aufwendiger Herstellungsprozedur:
Das Fleisch wird zunächst in Stücke geschnitten, gesalzen, gestapelt und so 24-48 Stunden gepökelt.Danach wird das Salz abgewaschen und die Fleischstücke 7-14 Tage zum Trocknen aufgehängt. Nach der völligen Trocknung werden die Stücke mit einer Gewürzpaste eingerieben, 1-2 Tage mariniert und noch einmal getrocknet. Gegessen wird Pastirma als Vorspeise in hauchdünn geschnittenen Scheiben mit Brot. Die Gewürzkruste wird vorher meist entfernt.

Pemmikan [Fett] Nordamerika, Grönland
• Bison
Unter nordisch rauen Klimabedingungen sind die Menschen auf Lebensmittel mit Fettgehalt angewiesen. Das ist auch der Grund dafür, dass man dort frische fetthaltige Fleischstücke sofort verzehrt

und aus den mageren Teilen den Pemmikan produziert.
Als Proviant oder Notration versetzen die Eskimos ihr Trockenfleisch zusätzlich mit Talg. Zuerst wird das Fleisch in dünne Streifen geschnitten und ohne Gewürze getrocknet. Danach wird es leicht angeröstet und anschließend möglichst fein zerstoßen. Dieses „Fleischpulver" mischt man mit Rindertalg, Gewürzen und viel Salz und knetet daraus kleine Kugeln. Pemmikan kann pur oder mit Brot gegessen werden. Es eignet sich aber auch hervorragend zum Kochen.

Wegen seiner Eigenschaften, „nahrhaft", „leicht zu transportieren" und „lange haltbar", galt es international lange Zeit als wichtiges Logistikgut beim Militär.
In Kanada entbrannte 1815 sogar der fünf Jahre anhaltende Pemmikan-Krieg zwischen den zwei größten Pelz-Handelsunternehmen „Hudson's Bay Company" und „North West Company", die sich gegenseitig die Wege zu den Versorgungsgebieten für den Pemmikan abzuschneiden versuchten.

Heute Trend

Bekannt sind heute noch „Biltong" in Südafrika und „Beef Jerky" in Amerika als traditioneller Imbiss. In beiden Fällen handelt es sich vermutlich um kulturelle Überbleibsel. Viele Auswanderer konnten dank ihrer Trockenfleischvorräte als „Wegzehrung" den großen Treck körperlich meistern.

Biltong bekommt man in vielen südafrikanischen Metzgereien oder an speziellen Biltong-Verkaufsständen. Beim Metzger wird sogar ungewürztes Biltong für Babys und Kleinkinder angeboten.

In Amerika wird „Beef Jerky" industriell produziert und portionsweise als Snack verpackt. Es hat also durchaus seine Bedeutung auf dem Lebensmittelmarkt.

Pemmikan, ebenfalls industriell produziert, wird heute noch als Energielieferant bei schwierigen Expeditionen in Hochgebirgen und Polargebieten mitgeführt.

Ob und wann Trockenfleisch aus Drittländern in Europa eingeführt werden darf, unterliegt den jeweiligen Einfuhrrichtlinien der Europäischen Kommission. Aus tierseuchenrechtlichen Gründen können die Bestimmungen sich auch auf einzelne Tierarten beschränken.

Es gibt nur noch wenige Fleischdelikatessen, die im europäischen Raum heutzutage ausschließlich durch Trocknung produziert werden. Dazu zählen u.a. das schweizerische Bündner Fleisch, der italienische Parmaschinken und der spanische Serrano-Schinken als bekannteste Sorten. Bei großen Fleischstücken wie Schinken ist die Trocknung allerdings auch sehr aufwendig

und das Produkt entsprechend teuer.
Trockenfleisch in der ursprünglichen Herstellungsweise, also als getrocknete, gehackte Fleischstreifen, findet man in unseren Breitengraden bestenfalls in kleinen Betrieben, was dann aber meist auch nicht gerade günstig.

Dabei erfreut sich das Trockenfleisch zunehmender Beliebtheit bei Sportlern und Outdoor-Aktivisten.
Nicht zu übersehen ist auch die stetig wachsende Reenactment-Szene. Viele dieser Gruppen, die geschichtliche Ereignisse möglichst authentisch nachstellen, haben das Trockenfleisch entdeckt. Und das nicht nur, weil es tatsächlich der Ernährungsweise nach historischem Vorbild entspricht — auch im heutigen Lagerleben der Geschichtsdarsteller sind die Vorteile des Trockenfleischs, ganz wie früher, von Bedeutung.

Das Fleisch

Zur Herstellung von Trockenfleisch eignen sich alle Fleischsorten mit geringem Fettanteil. In unseren Breitengraden sind das Rind, Hammel, Hirsch, Reh, Damwild, Huhn, Pute (Schweinefleisch, Wildschweinfleisch und Entenfleisch können ebenfalls zu Trockenfleisch verarbeitet werden, allerdings mit kurzer Haltbarkeit wegen des hohen Fettgehalts).
Exotische Fleischsorten, die ebenfalls gut zur Trocknung geeignet sind, wie z.B. Kudu und Strauß, finden Sie im Internet.

Achten Sie beim Einkauf auf magere Ware — das erspart viel „Schnippelei".

Vorbereitung:

Von dem Fleischstück rundherum alles Fett abschneiden.
Das Fleisch längs der Faser (wichtig, sonst lässt es sich hinterher kaum beißen) in Streifen von ca. 3-4 cm Breite schneiden. Dabei darauf achten, dass die Streifen möglichst den gleichen Durchmesser haben, denn die Dicke bestimmt die Trocknungsdauer.
Auch alle übrigen fettigen Stellen entfernen.

Die Marinade

Grundbestandteile der Fleischmarinade sind Säure, in Form von Essig oder Zitronensaft, und Gewürze.

Darin werden die Fleischstreifen für mindestens 8 Stunden eingelegt. Die Marinade bestimmt den Geschmack. Deshalb sind hier keine Grenzen gesetzt. Wegen der vielen Geschmacksnuancen verschiedener Essigsorten, haben wir die Marinaden dem Rezeptteil vorangestellt.

Verwenden Sie keine Öle und Fette! Durch diese Substanzen würde das Trockenfleisch schnell ranzig.

Herstellung:

Alle flüssigen Bestandteile werden vermischt. Die kristalline Bestandteile (durch gelegentliches Umrühren) darin auflösen und schließlich die Gewürze unterrühren.

Wenn Sie Ihr Trockenfleisch zum Kochen weiterverwenden möchten, gehen Sie sparsam mit den Gewürzen um. Hier reicht schon etwas Essig, Salz und Pfeffer.

Marinieren und Aufhängen

Reiben Sie die Fleischstreifen gut mit der Marinade ein und legen Sie sie in ein verschließbares Plastikgefäß. (Sehr einfach geht das auch, indem Sie das Fleisch in einen Gefrierbeutel füllen, diesen gut verschließen und anschließend durchkneten.) Erschrecken Sie nicht — die rote Fleischfarbe verblasst zusehends bei dem Kontakt mit der Säure. Lagern Sie das Fleisch kühl.

Nach 8-48 Stunden (hier ist das Fleisch unempfindlich) reiben Sie die Streifen mit Küchenpapier ab. Restliche Kräuter und Gewürze auf der Oberfläche intensivieren den Geschmack.

Als Befestigung zum Aufhängen verwenden Sie entweder kleine Fleischhaken oder ziehen Sie die Streifen einzeln auf Küchenschnur. Auch aufgebogene große Büroklammern tun ihren Dienst.

Die Trocknung

Luftig muss es sein!

Die Temperatur spielt bei der Trocknung keine große Rolle. Die Wäscheleine eignet sich draußen genauso wie auf dem Dachboden.

Falls Sie keine passende Stelle mit dieser Voraussetzung finden, können Sie auf kleinem Raum ebenso mit einem Ventilator nachhelfen. Durch den Anteil an Säure werden Insekten ferngehalten.

Im Laufe der ersten Woche nimmt das Fleisch eine sehr viel dunklere Farbe an. „Rotes Fleisch" wie Rind oder Wild wird nahezu schwarz. Sollte sich auf der Oberfläche weißer Schimmel bilden, so ist das kein Grund zur Panik — es handelt sich um Edelschimmel, also ein Qualitätsmerkmal.

Nach ca. einer Woche ist das Fleisch „demy cured" und damit ca. 3 Monate haltbar. Durchgetrocknet, also „dry", ist es nach ca. 3 Wochen und bis zu 2 Jahre haltbar.

Weiterverarbeitung und Lagerung

Das fertig getrocknete Fleisch ist „steinhart" und in dieser Form nicht zu genießen, weil es einfach nicht zu beißen ist. Je nachdem, wie Sie es später verwenden möchten, muss es nun zerkleinert werden.
Zur Weiterverarbeitung beim Kochen genügt es, das Trockenfleisch grob zu hacken.

Wenn Sie Ihr Trockenfleisch zu Pemmikan weiterverarbeiten möchten, mahlen Sie es am besten in einer starken Küchenmaschine zu Pulver.

Als Snack hacken Sie die Streifen möglichst dünn. Hierzu eignet sich außer dem speziellen Biltong-Cutter ein Fleischbeil oder eine Profi-Schneidemaschine.

Das so verarbeitete Trockenfleisch brauchen Sie einfach nur trocken zu lagern. Es stellt sonst keine großen Ansprüche an die Aufbewahrung.

Marinaden-Rezepte

Die Marinade bestimmt den Geschmack Ihres Trockenfleisches.
Würzen Sie es also ganz nach Ihren Vorlieben, aber verwenden Sie keine Fette oder Öle.

Die nachfolgenden Marinaden-Rezepte sind für ca. 1-2 kg rohes Fleisch berechnet. Verrühren Sie alle Zutaten gut und reiben Sie das Fleisch rundherum damit ein.

Die Empfehlungen für die Fleischsorte beziehen sich auf:
Hell: Pute, Hähnchen, Schwein, Kalb, Krokodil
Dunkel: Rind, Wild, Antilope, Gans, Ente, Fasan, Pferd, Lamm

Biltong

Zutaten:

1-2 kg mageres Rindfleisch
(alternativ Wildfleisch)
10 cl Weinessig
4 EL Koriander, grob geschrotet
2 EL schwarzer Pfeffer, grob geschrotet
1 TL Salz
1 TL Rohrzucker

Zubereitung (für alle Marinaden):

Das Fleisch in Streifen schneiden, dabei sämtliches Fett entfernen.

Aus den restlichen Zutaten die Marinade anrühren und das Fleisch rundherum damit einreiben.

In ein verschließbares Plastikgefäß legen und für 8-48 Stunden an einem kühlen Ort lagern.

Die Fleischstreifen mit Küchenpapier abreiben und mit kleinen Haken an einem luftigen Ort (oder Biltong-Box, siehe Seite 112) aufhängen.

Nach 2-3 Wochen (das Fleisch muss „steinhart" sein) in möglichst dünne Streifen schneiden oder hacken.

Coffee

Für dunkles Fleisch

5 cl Balsamicoessig
5 cl starker Kaffee (kalt)
1 TL Salz
1 TL Rohrzucker
½ TL Pfeffer

> *Der Kaffee sollte richtig stark sein, so dass Sie ihn nicht mehr trinken möchten.*
>
> *Das Fleisch bekommt dadurch einen leichten Mokka-Geschmack.*

Indian

Für helles Fleisch

10 cl Apfelessig
3 TL Meersalz
1 TL Rohrzucker
1 TL schwarzer Pfeffer, geschrotet
10 g frischer Ingwer, fein gerieben

> *Sehr feines Ingweraroma wird auch durch Ingwerpulver erreicht.*

Mexiko

Für helles und dunkles Fleisch

5 cl Sherryessig
einige Spritzer Tabasco
1 TL Rohrzucker
½ TL Salz
3 TL Chilipulver

> *Tabasco und Chili in der angegebenen Menge verleihen eine ganz leichte Schärfe.*
> *Wenn Sie es „hot" mögen, können Sie die Menge ohne weiteres vergrößern.*
>
> *Richtig scharf wird es, wenn Sie der Marinade Chilliflocken zugügen und das Fleisch vor dem Trocknen nicht abwischen.*

Italian

Für helles und dunkles Fleisch

10 cl Balsamicoessig
4 TL Meersalz
1 TL Rohrzucker
1 EL Basilikum
20 g Tomatenmark

> *Hier eignet sich frisches Basilikum ebenso wie getrocknetes.*
>
> *Achtung: Durch das Tomatenmark verringert sich die Haltbarkeit. Dieses Trockenfleisch sollte innerhalb von zwei Wochen verzehrt sein.*

Griechisch

Für dunkles Fleisch

5 cl Apfelessig
1 TL Knoblauchgranulat
5 TL Gyrosgewürz
1 TL Rohrzucker
1 TL Salz

> *Das Gyrosgewürz können Sie auch selbst herstellen aus Zwiebelgranulat, Knoblauchpulver, schwarzem Pfeffer, Kreuzkümmel, Koriander, Oregano, Majoran und Thymian.*

Steak

Für dunkles Fleisch

5 cl Apfelessig
1 Zwiebel, sehr fein gewürfelt
5 TL Steakwürzer
5 TL Senf

> Wenn Sie Steakwürzer ohne Salz verwenden, geben Sie 1 TL Meersalz in die Marinade.

Scotch

Für dunkles Fleisch

10 cl Whisky
2 cl Sherryessig
3 TL Meersalz
5 g Honig

> Verwenden Sie echten schottischen Malt Whisky und genießen Sie ein Stück Highland-Aroma.

Rustica

Für dunkles Fleisch

10 cl Weinessig
3 TL Estragon
2 EL Bohnenkraut
1 TL Salz
1 TL Rohrzucker

> Knoblauch-Liebhaber können dieser Marinade nach Geschmack noch Knoblauchgranulat zufügen.

Smoky

Für helles und dunkles Fleisch

10 cl Sojasauce
5 cl Apfelessig
1 TL Salz
1 TL Rohrzucker
1 Prise Pfeffer
1 TL Liquid Smoke

> Liquid Smoke verleiht dem Trockenfleisch ein traumhaftes Aroma. Erhältlich, wo es Grillzutaten gibt.

Asia

Für helles und dunkles Fleisch

10 cl Sojasauce
5 cl Apfelessig
3 TL Chinagewürz
1 TL Meersalz
1 TL Rohrzucker

> Durch die Sojasauce ist dieses
> Trockenfleisch sehr kräftig
> im Geschmack.

Herbes

Für dunkles Fleisch

5 cl Rotweinessig
2 TL Salz
1 TL Zucker
1 EL Kräuter der Provence
1 TL schwarzer Pfeffer, geschrotet

> Mit zusätzlich einem TL Knoblauch-
> granulat wird dieses Trockenfleisch
> noch französischer im Geschmack.

Puszta

Für helles und dunkles Fleisch

10 cl milder Apfelessig
3 TL Meersalz
1 TL Rohrzucker
2 TL scharfer Paprika
2 TL edelsüßer Paprika
15 g getrocknete Tomaten, sehr fein gehackt

> Für intensiven Geschmack gehen Sie
> mit dem Paprika ruhig
> großzügig um.

Lemon

Für helles Fleisch

2 Stängel Zitronengras, mehrmals knicken
5 cl Weißweinessig
5 cl Sojasauce
2 TL Chilipulver
1 TL Salz
1 TL Zucker

> Unverkennbar asiatisch frisches Aroma.
> Besonders für
> Hähnchen- und Putenfleisch!

Spicy

Für helles und dunkles Fleisch

5 cl Apfel-Mango-Essig
1 Prise Muskat
1 TL Rohrzucker
1 TL Meersalz
1 TL Cumin
1 TL Curcuma

*Fruchtiger Geschmack, der an
karibische Aromen erinnert.*

Kümmel

Für dunkles Fleisch

5 cl Apfelessig
3 TL Kümmel
1 TL Salz
1 TL Rohrzucker

*Den Kümmel vor dem Trocknen nicht
abwischen. Das bewirkt einen besonders
intensiven Geschmack.*

Gin

Für helles Fleisch

10 cl Gin
1 TL Salz
1 TL Pfeffer
3 Zweige frische Minze

*Dies könnte die britische Variante
von Trockenfleisch sein.
Es schmeckt sehr angenehm und
erfrischend nach Minze.*

Tandoori

Für helles Fleisch
5 cl Apfelessig
50 g Joghurt
3 TL Garam Masala (ind. Gewürzmischung)
1 TL Rohrzucker
2 TL Salz

> Tandoori wird im Original mit
> Lebensmittelfarbe rot gefärbt.
> Gefällt Ihnen? Fügen Sie einfach
> Lebensmittelfarbe in Pulverform zu.

Mediterran

Für helles und dunkles Fleisch
5 cl Weißweinessig
1 TL Salz
1 TL Rohrzucker
2 Knoblauchzehen, fein gehackt

> Alternativ kann auch
> Knoblauchgranulat verwendet werden
> — je nach Geschmack 2-4 TL.

Western Style

Für helles und dunkles Fleisch
100 ml BBQ-Sauce
5 cl Sherryessig

> Barbecue-Saucen gibt es in vielen
> Geschmacksrichtungen. Achten Sie bei
> der Auswahl auf geringen Fettgehalt.

Bohneneintopf

Zutaten:

300 g weiße Bohnen (getrocknet)
1 Bund Suppengrün
1 Zwiebel
100 g Trockenfleisch, geschnitten
2 TL Bohnenkraut
Butterschmalz
Salz, Pfeffer
2 TL Senf

Zubereitung:

Die Bohnen in 1,5 Liter Wasser über Nacht in einem großen Kochtopf einweichen.

Am nächsten Tag das Suppengrün waschen, putzen und fein zerkleinern. Zwiebel schälen, fein würfeln und in Butterschmalz anbraten.
Suppengrün, gebratene Zwiebelwürfel und Trockenfleisch zu den Bohnen in den Topf geben und ca. 40 Minuten gar kochen.

Kräftig mit Bohnenkraut, Salz und Pfeffer würzen und mit Senf abschmecken.

Reisfleisch

Zutaten:

1 Zwiebel, gewürfelt
Olivenöl
250 g Risottoreis
100 g Trockenfleisch, geschnitten
0,5 l Wasser
1 kl. Dose Erbsen
100 g Tomatenmark
Salz, Pfeffer

Zubereitung:

Die Zwiebelwürfel im Olivenöl anbraten. Den Reis zugeben und rühren, bis er glasig ist. Trockenfleisch zugeben, mit Wasser auffüllen und den Reis bei kleiner Flamme ca. 20 Minuten quellen lassen, dabei öfter umrühren und ggf. etwas Wasser nachschütten.

Tomatenmark und Erbsen unterrühren und mit Salz und Pfeffer abschmecken.

Kräftige Brühe mit Trockenfleisch

Zutaten:

1 Bund Suppengemüse
(Lauch, Möhren, Sellerie, Petersilie)
1 Zwiebel
1,5 l Wasser
100 g Trockenfleisch, geschnitten
Muskat
Salz, Pfeffer

Zubereitung:

Suppengemüse waschen, putzen und klein schneiden. Zwiebel schälen und würfeln. Das Gemüse in einem Topf 30 Minuten kochen. Trockenfleisch zugeben und weitere 10 Minuten kochen. Mit Muskat, Salz und Pfeffer abschmecken.

Trockenfleisch-Omelette

Zutaten:

100 g Trockenfleisch, geschnitten
1 frische Paprika,
in Streifen geschnitten
3-4 Gewürzgurken,
in Scheiben geschnitten
2 EL Schmalz
10 Eier
100 g Mehl
200 ml Milch
Öl zum Backen
Meersalz
Pfeffer aus der Mühle

Zubereitung:

Schmalz in einer Pfanne erhitzen und Trockenfleisch mit Paprika und Gewürzgurken darin 10 Minuten schmoren. Zur Seite stellen.

Aus Eiern, Milch und Mehl einen glatten Teig rühren. In einer zweiten Pfanne das Öl erhitzen und den Omeletteteig darin backen. Die Fleisch-Gemüse-Mischung darauf verteilen und die Omelettes 10 Minuten bei geringer Flamme mit geschlossenem Deckel garen lassen.

Mit Meersalz und Pfeffer aus der Mühle würzen.

Geröstetes Brot mit Pilzen

Zutaten:

2 Zwiebeln
2 Knoblauchzehen, fein gehackt
500 g frische Champignons
200 g Butter
100 g Trockenfleisch, fein geschnitten
1 TL Kräuter der Provence
Salz, Pfeffer
4 große Scheiben Brot

Zubereitung:

Zwiebeln und Knoblauch schälen und fein hacken. Champignons putzen und vierteln.

Die Butter in einer Pfanne erhitzen und Zwiebeln darin scharf anbraten. Trockenfleisch, Champignons und Knoblauch zugeben und bei kleiner Hitze 10 Minuten schmoren lassen. Mit Kräutern und Gewürzen abschmecken.

Die Brotscheiben rösten oder grillen und die Fleisch-Gemüse-Mischung darauf verteilen.

Sechskorn-Puffer

Zutaten:

500 g Sechskorn-Getreidemischung
(z.B. Weizen, Roggen, Gerste, Hafer,
Dinkel, Buchweizen)
2 Zwiebeln, gewürfelt
2 Möhren, gewürfelt
Öl
0,5 l Brühe
100 g Trockenfleisch, fein geschnitten
4 Eier

Zubereitung:

Das Getreide mörsern oder grob schroten. Zwiebelwürfel und Möhrenwürfel in Öl anbraten und gar dünsten. Mit Getreide, Trockenfleisch und Gemüsebrühe in einer Schüssel verrühren und ca. 1 Stunde quellen lassen.

Die Eier unterrühren und in heißem Öl Küchlein backen.

Überbackene Brötchen

Zutaten:

4 Brötchen
1 rote Zwiebel, gewürfelt
80 g Trockenfleisch, fein geschnitten
Olivenöl
50 g kräftiger Weichkäse

Zubereitung:

Die Brötchen aufschneiden. Öl in einer Pfanne erhitzen und die Zwiebelwürfel mit dem Trockenfleisch darin anbraten.

Die Mischung auf die Brötchenhälften verteilen
und mit Streifen vom Weichkäse belegen.

Auf ein Blech legen und im Backofen bei 200° C ca.
10 Minuten überbacken.

Echte Fleischbrühe Instant

Zutaten:

200 g Trockenfleisch, gemahlen
200 g Zwiebeln
200 g Lauch
200 g Möhren
200 g Sellerie
2-3 Kartoffeln
1 Bund Petersilie
500 g Salz

Zubereitung:

Zwiebeln, Möhren, Sellerie und Kartoffeln schälen und klein schneiden. Lauch und Petersilie waschen und klein schneiden. Zusammen mit dem Trockenfleisch im Mixer fein pürieren. Salz unterrühren.

Die Masse möglichst dünn auf ein mit Backpapier ausgelegtes Blech streichen und im Backofen bei max. 50°C Umluft trocknen. Zur besseren Luftzirkulation die Backofentür einen Spalt offen stehen lassen. Die Trocknung kann zwar mehrere Tage dauern, lohnt sich aber.

Wenn die Masse durchgetrocknet ist, in Stücke brechen und fein zerstoßen. Den so gewonnenen Fleischextrakt in Schraubverschlussgläsern aufbewahren.

Mit heißem Wasser übergossen, entsteht so eine nahrhafte Fleischbrühe.

Eignet sich auch als Suppen- oder Saucenbasis.

Weizen mit Trockenfleisch

Zutaten:

500 g Weizen
100 g Trockenfleisch, geschnitten
200 g Schmelzkäse
2-3 Zweige frischer Thymian

Zubereitung:

Den Weizen in 2 Liter Wasser für 12 Stunden einweichen.

Mit dem Einweichwasser eine knappe Stunde kochen. Trockenfleisch zugeben und weitere 15 Minuten kochen.

Überschüssiges Wasser abgießen und den Schmelzkäse unterrühren. Mit Salz und Pfeffer würzen.

Mit frischen Thymianblättchen bestreuen.

Pellkartoffeln mit Zwiebelgemüse und geröstetem Trockenfleisch

Zutaten:

4 große Kartoffeln
8 Zwiebeln
100 g Trockenfleisch, geschnitten
Öl
40 g Butter
etwas Mehl
Essig
Salz, Pfeffer
Wasser

Zubereitung:

Die Kartoffeln waschen und mit der Schale eine halbe Stunde in Salzwasser kochen.

Die Zwiebeln schälen, halbieren und in Streifen schneiden. In der Butter braten, bis sie weich sind. Mit Mehl bestäuben und mit Wasser ablöschen. Dabei ständig rühren. Mit Essig, Salz und Pfeffer abschmecken.

Das Trockenfleisch in einer Pfanne mit etwas Öl knusprig rösten.

Die Kartoffeln drücken, bis sie aufspringen und auf Tellern anrichten. Zwiebelgemüse darübergeben und das Trockenfleisch darauf verteilen.

Maultaschen

Zutaten:

Für den Nudelteig:
400 g Mehl
1 TL Salz
125 ml Wasser
6 EL Olivenöl

Für die Füllung:
100 g Trockenfleisch, gemahlen
1 Brötchen
1 Zwiebel, klein gewürfelt
1 Ei
1 Zweig frische Petersilie, fein gehackt

2 l Gemüse- oder Fleischbrühe

Zubereitung:

Die Zutaten für den Nudelteig sorgfältig verkneten. Das Brötchen in Wasser einweichen, fest ausdrücken und möglichst klein zupfen. Mit den restlichen Zutaten für die Füllung gut vermischen.

Den Nudelteig möglichst dünn ausrollen und in Quadrate (10 x 10 cm) oder Rechtecke schneiden. Die Füllung portionsweise darauf verteilen. Die Teigstücke zusammenklappen und die Ränder fest andrücken.

In die kochende Brühe geben und bei wenig Hitzezufuhr ca. 10 Minuten ziehen lassen. Wenn die Maultaschen an der Oberfläche schwimmen, sind sie gar.

In der Brühe servieren.

Semmelknödel mit Trockenfleisch-Pfifferling-Sauce

Zutaten:

Für die Knödel:
6 Brötchen
150 ml lauwarme Milch
2 Eier
1 Zweig Petersilie, gehackt
1 Zwiebel, gewürfelt
etwas Butter zum Braten
Salz, Pfeffer
Muskat

Für die Sauce:
20 g Butter
100 g Trockenfleisch, fein geschnitten
200 g Pfifferlinge, geputzt
400 ml Sahne
Salz, Pfeffer

Zubereitung:

Die Brötchen in kleine Würfel schneiden und in der lauwarmen Milch einweichen.
Die Zwiebelwürfel in der Butter glasig dünsten.

Alle Zutaten gut verrühren und aus der Masse mit angefeuchteten Händen kleine Knödel formen. Die Knödel in kochendes Wasser geben und bei geringer Wärmezufuhr ca. 20 Minuten gar ziehen lassen. Nicht kochen!

Die Butter in einer Pfanne zerlassen. Trockenfleisch und Pfifferlinge darin anbraten. Mit der Sahne ablöschen und einige Minuten köcheln lassen. Mit Salz und Pfeffer abschmecken.

Die Knödel mit der Sauce servieren.

Falsches Schnitzel

Zutaten:

500 g Tofu
4 Eier
100 g Mehl
2 EL Sojasauce
Salz, Pfeffer
1 Ei, verquirlt
Paniermehl
100 g Trockenfleisch, gemahlen
Öl zum Braten

Zubereitung:

Tofu, Eier und Mehl mit Sojasauce und Gewürzen zu einer formbaren Masse kneten. Je nach Konsistenz etwas mehr Mehl oder wenn es zu fest ist, ein wenig Wasser zugeben.

Aus der Masse 8 „Schnitzel" formen. Einzeln in kleine Plastikbeutel einpacken. Luft herausdrücken und gut verschließen. Die Beutel in kochendes Wasser legen und ca. 1 Stunde gar ziehen lassen. Herausnehmen und abkühlen lassen.

Die „Schnitzel" in dem verquirlten Ei wenden, mit dem Trockenfleischpulver bestreuen und panieren. In einer Pfanne mit heißem Öl so lange braten, bis sie eine schöne Farbe haben.

Mit klassischen Schnitzelbeilagen servieren.

Trockenfleischmäuse mit Knoblauchdip

Zutaten:

600 g gekochte Kartoffeln
2 Eier
4 EL Mehl
100 g Trockenfleisch, gemahlen
Salz
Paniermehl
Öl zum Frittieren

Für den Dip:
200 g Schmand
4 Knoblauchzehen
Schnittlauch
Salz

Zubereitung:

Die Kartoffeln stampfen und mit Eiern, Mehl und Trockenfleisch verkneten, ggf. salzen. Zu Rollen mit 2-3 cm Durchmesser formen und in ca. 5 cm lange Stücke schneiden. Die Stücke panieren und ihnen dabei eine „Mäuseform" geben. In heißem Öl goldbraun ausbacken.

Die Knoblauchzehen pressen. Schnittlauch in Röllchen schneiden und beides mit dem Schmand vermischen. Mit etwas Salz abschmecken.

Zahnstocher in die Trockenfleischmäuse stecken und mit dem Dip als Fingerfood servieren.

Eiserne Ration

Zutaten (6 Personen):

100 g Cashewkerne
100 g Mandeln
100 g Walnüsse
50 g Trockenfleisch, fein geschnitten
250 g getrocknete Beeren
(Cranberrys, Blaubeeren, Rosinen
etc.)

Zubereitung:

Alle Zutaten mischen und am besten
gleich in Portionen verpacken.

Feldsalat mit Kartoffeldressing und geröstetem Trockenfleisch

Zutaten:

200 g Feldsalat
Essig
4 EL Öl
2 EL Balsamicoessig
1 Zwiebel, gewürfelt
1 gekochte Kartoffel
5 cl Wasser
Salz, Pfeffer
50 g Trockenfleisch, fein geschnitten
etwas Öl zum Rösten

Zubereitung:

Feldsalat waschen und putzen.

Die Kartoffel mit einer Gabel klein drücken und mit dem Wasser vermischen. Essige, Öl und Zwiebelwürfel untermischen. Mit Salz und Pfeffer abschmecken.

Salat und Dressing in einer Schüssel gut verrühren und portionsweise auf Tellern anrichten. Das Trockenfleisch in einer Pfanne mit wenig Öl rösten und auf dem Salat verteilen.

Gewürztes Fladenbrot aus der Pfanne

Zutaten:

500 g Mehl
100 g Trockenfleisch, zerstoßen
250 ml Wasser
4 EL Olivenöl
2 TL Brotgewürz
1 TL Salz

Zubereitung:

Alle Zutaten zusammenkneten, ggf. etwas Wasser nachgießen. Den Teig in Stücke teilen und auf einer bemehlten Fläche ausrollen oder einfach mit der Hand flach drücken.

In einer Pfanne mit wenig Öl von jeder Seite 3 - 4 Minuten backen.

Noch warm mit Käsescheiben belegt — superlecker!

Pasta mit Trockenfleisch-Lauch-Sauce

Zutaten:

500 g Nudeln
etwas Olivenöl
1 Zwiebel, gewürfelt
2 Stangen Lauch
100 g Trockenfleisch, fein geschnitten
200 g Crème fraîche
5 cl trockener Weißwein
Salz, Pfeffer

Zubereitung:

Die Nudeln nach Packungsanweisung garen.

Lauch waschen, putzen und in Ringe schneiden. Das Öl in einem Topf erhitzen, Trockenfleisch darin anbraten. Lauch und Zwiebelwürfel zugeben und 10 Minuten bei schwacher Hitze schmoren. Mit dem Weißwein ablöschen und einmal aufkochen. Crème fraîche unterrühren und mit Salz und Pfeffer abschmecken.

Die Sauce über den Nudeln verteilen.

Blumenkohl mit geröstetem Trockenfleisch

Zutaten:

1 Blumenkohl
100 g Butter
50 g Trockenfleisch, fein geschnitten
3 EL Semmelbrösel

Zubereitung:

Den Blumenkohl waschen, putzen und mit dem Stielende nach oben in Salzwasser ca. 20 Minuten gar kochen. Vorsichtig mit einem Schaumlöffel herausheben und auf einer Platte anrichten.

Die Butter in einer Pfanne zerlassen und das Trockenfleisch darin leicht anbraten. Semmelbrösel unterrühren und weiterbraten, bis diese goldgelb sind. Über den Kohl gießen und servieren.

Schmeckt auch ohne weitere Beilagen.

Käsebrotaufstrich mit Trockenfleisch

Zutaten:

200 g Frischkäse
100 g Feta
1 EL Olivenöl
1 Tomate, fein gewürfelt
1 Zwiebel, fein gewürfelt
1 kleine Paprikaschote, fein gewürfelt
50 g Trockenfleisch, klein geschnitten
Salz, Pfeffer

Zubereitung:

Feta mit einer Gabel zerdrücken und mit dem Frischkäse und dem Olivenöl verrühren. Tomatenwürfel, Zwiebelwürfel, Paprikawürfel und Trockenfleisch unterrühren. Mit Salz und Pfeffer abschmecken.

Auf frisch gebackenes Brot streichen und mit Paprikapulver bestreuen.

Curry-Reissalat mit Trockenfleisch

Zutaten:

250 g Reis
100 g Trockenfleisch, geschnitten
1 Dose Mandarinen
1 kl. Dose Erbsen
2 Becher Crème fraîche
Curry
Salz, Pfeffer

Zubereitung:

Den Reis nach Packungsanweisung kochen. 10 Minuten vor Ende der Garzeit das Trockenfleisch dazugeben.

Crème fraîche in eine Schüssel geben und mit den Gewürzen abschmecken. Mandarinen und Erbsen abtropfen lassen und unterrühren. Den abgekühlten Reis zugeben und untermischen.

Ggf. nochmals mit Gewürzen abschmecken.

Gefüllte Ratatouille-Kartoffelklöße

Zutaten:

1 Pk. Kartoffelklöße halb & halb
100 g Trockenfleisch, fein geschnitten
1 Zwiebel
1 kl. Zucchini
1 kl. Aubergine
1 kl. Paprikaschote
2 Knoblauchzehen
etwas Olivenöl
1 Dose Tomaten, stückig
Thymian
Salz, Pfeffer

Zubereitung:

Den Kartoffelteig wie auf der Packung angegeben anrühren.

Zwiebel und Gemüse putzen, klein würfeln und in dem Öl anbraten. Knoblauchzehen schälen, in hauchdünne Scheiben schneiden und zu dem Gemüse geben. Kräftig mit Thymian, Salz und Pfeffer würzen.

Aus dem Kartoffelteig Klöße formen und Trockenfleisch sowie Gemüsemasse hineinfüllen. Fest zusammendrücken. In einen Topf mit kochendem Wasser geben, Temperatur reduzieren und die Klöße ziehen lassen, bis sie oben schwimmen, dann sind die gar.

Die Tomatenstücke zu dem restlichen Gemüse geben, erhitzen, abschmecken und als Sauce zu den Knödeln servieren.

Rote-Linsen-Eintopf

Zutaten:

250 g rote Linsen
1 l Brühe
etwas Butter
100 g Trockenfleisch, geschnitten
1 Zwiebel, gewürfelt
1 kl. St. Ingwer, gerieben
Curcuma
Koriander
Cumin
Salz, Pfeffer

Zubereitung:

Zwiebel, Ingwer und Trockenfleisch in der Butter anbraten. Linsen dazugeben und kurz mitbraten. Mit der Brühe auffüllen und nach Zeitangabe auf der Linsenpackung garen, ggf. noch etwas Wasser nachgießen.

Mit Curcuma, Koriander, Cumin, Salz und Pfeffer abschmecken.

Sauerkrauttaschen

Zutaten:

2 Pk. Blätterteig
1 Eigelb
1 Zwiebel, gewürfelt
etwas Öl
100 g Trockenfleisch, geschnitten
400 g Sauerkraut, gegart
Kümmel
Salz, Pfeffer

Zubereitung:

Die Zwiebel in dem Öl glasig dünsten. Zusammen mit dem Trockenfleisch und den Gewürzen unter das Sauerkraut mischen.

Den Blätterteig in Quadrate schneiden und die Masse darauf verteilen, zusammenklappen, rundherum gut andrücken und mit Eigelb bepinseln.

Auf ein mit Backpapier ausgelegtes Blech legen und bei 180° C ca. 15-20 Minuten backen.

Trockenfleisch-Grießklößchen

Zutaten:

1 l Milch
40 g Butter
250 g Grieß
100 g Trockenfleisch, klein geschnitten oder gemahlen
100 g geriebener Käse
4 Eier
Muskat
Salz, Pfeffer

Zubereitung:

Milch und Butter mit dem Trockenfleisch und den Gewürzen aufkochen. Grieß einrühren, kurz kochen lassen und vom Herd nehmen. Eier und Käse unterrühren und quellen lassen.

Wenn die Masse abgekühlt ist, kleine Klößchen formen.

In einem Topf Wasser zum Kochen bringen und die Klößchen darin 10 Minuten ziehen lassen.

Die Klößchen können mit Sauce oder Salat serviert werden, schmecken aber auch ohne alles.

Wilder Gulasch im Brottopf

Zutaten:

1 Pk. Brotteig-Mischung
100 g Trockenfleisch, geschnitten
2 Möhren
2 Zwiebeln
1 Stück Sellerie
½ Stange Lauch
Schmalz
800 ml Wasser
2 TL Wildgewürz
Dunkle Sojasauce
Salz
Saucenbinder

Zubereitung:

Den Brotteig nach Packungsanweisung zubereiten, in 4 Teile teilen und in ausreichend große, gefettete Sturzgläser verteilen. Aufgehen lassen. Am Glasrand entlang mit einem scharfen Messer einschneiden und backen.

Aus dem Ofen nehmen, „Deckel" abschneiden, aushöhlen und offen nochmals 5 Minuten backen. Möhren, Zwiebeln, Lauch und Sellerie putzen und grob würfeln. In dem Schmalz scharf anbraten. Trockenfleisch zugeben, mit dem Wasser ablöschen und 20 Minuten gar kochen. Etwas Sojasauce für die Farbe zugeben.

Mit Salz und Gewürz abschmecken und mit Saucenbinder andicken.
Gulasch in die Brottassen füllen und servieren.

Kartoffeln mit Trockenfleisch-Pfeffercreme

Zutaten:

4 große Kartoffeln
Olivenöl
Meersalz
50g Trockenfleisch, klein geschnitten
oder gerieben
250g Crème fraîche
4TL grüne Pfefferkörner
Salz

Zubereitung:

Die Kartoffeln gründlich waschen und längs halbieren. Die Schnittfläche mit Olivenöl bepinseln und mit Meersalz bestreuen. Auf ein Backblech setzen und ca. 40 Minuten bei 200° C im Backofen garen.

Die Pfefferkörner mit etwas von der Pfefferbrühe und dem Trockenfleisch in die Crème fraîche rühren.

Die Kartoffeln auf Teller verteilen und die Crème darübergeben.

Gemahlenes
Trockenfleisch

Cremesuppe mit Wildkräutern

Zutaten:

800 g Kartoffeln
2 Möhren
1 Stange Lauch
1,5 l Gemüse- oder Fleischbrühe
100 g Trockenfleisch, fein geschnitten
20 g Butter
2 Zwiebeln, gewürfelt
200 g Wildkräuter, grob geschnitten
(Löwenzahn, Bärlauch, ...)
1 Zweig Petersilie, fein geschnitten
2 TL Majoran
Salz, Pfeffer

Zubereitung:

Kartoffeln und Möhren schälen und würfeln. Lauch waschen, putzen und in Ringe schneiden.
In der Brühe kochen, bis die Kartoffeln zerfallen (ca. 30 Minuten). Die Suppe pürieren oder stampfen.

Zwiebelwürfel und Trockenfleisch in der Butter anbraten und in die Suppe rühren. Wildkräuter und Gewürze zugeben.

Ggf. mit Salz und Pfeffer abschmecken.

Kohlrouladen mit Trockenfleischfüllung

Zutaten:

1 Kopf Wirsing
250 g Reis
100 g Trockenfleisch, fein geschnitten
40 g Schmalz
2 Zwiebeln, gewürfelt
Salz, Pfeffer
Öl zum Braten
250 ml passierte Tomaten
Speisestärke

Zubereitung:

Unschöne Blätter vom Wirsing entfernen. Den Strunk so gut es geht ausschneiden. Die Blätter abtrennen, in kochendes Wasser legen und mehrmals wenden. Nach 10 Minuten aus dem Wasser nehmen und flach auslegen.

Reis nach Packungsanweisung kochen. Kurz vor Garende das Trockenfleisch zugeben. Das Wasser abschütten.
Die Zwiebelwürfel im Schmalz anbraten und unter den Reis mischen. Mit Salz und Pfeffer aböschmecken.

Die Reismischung auf die Wirsingblätter verteilen und zu Rouladen rollen. Mit Küchenfaden zusammenbinden.

Die Rouladen in heißem Fett scharf anbraten, wenden und mit 0,5 Liter Wasser ablöschen. Ca. 30 Minuten garen.

Die Rouladen aus dem Topf nehmen und die passierten Tomaten in die Brühe rühren. Die Sauce mit Speisestärke binden. Rouladen in die Sauce legen und servieren.

Eier mit Senfsauce und Trockenfleisch

Zutaten:

1 Zwiebel, gewürfelt
50 g Butter oder Margarine
80 g Trockenfleisch, geschnitten
50 g Mehl
Wasser
4 EL Senf
Salz, Pfeffer
8 Eier

Zubereitung:

Die Eier hart kochen, abschrecken und pellen.

Die Zwiebelwürfel in der Butter anbraten, dabei darauf achten, dass sie nicht braun werden. Das Mehl darüberstäuben, rühren, bis eine glatte Masse entsteht. Unter ständigem Rühren so viel Wasser zugeben, bis die gewünschte Saucenkonsistenz erreicht ist. Senf und Trockenfleisch unterrühren und die Sauce 5 Minuten köcheln lassen. Mit Salz und Pfeffer abschmecken. Die Eier mit der Sauce servieren.

Kartoffeltopfkuchen mit Trockenfleisch

Zutaten:

1 kg Kartoffeln
3 Zwiebeln, gewürfelt
2 Eier
100 g Trockenfleisch, geschnitten
Salz, Pfeffer

Zubereitung:

Die Kartoffeln schälen und fein reiben. In einem Sieb kurz abtropfen lassen. Alle anderen Zutaten untermischen. Die Masse in eine feuerfeste Form geben und im Backofen mindestens 70-80 Minuten bei 180° C backen.

Trockenfleisch süß-sauer

Zutaten:

1 Chinakohl, in Streifen geschnitten
1 Möhre, gewürfelt
1 Stange Lauch, in Ringe geschnitten
1 Zwiebel, gewürfelt
20 g getrocknete Mu-Err-Pilze
100 g Trockenfleisch, geschnitten
Olivenöl
1 Dose Ananas
2 TL Honig
6 EL Essig
6 EL Sojasauce
Speisestärke

Zubereitung:

Die Mu-Err-Pilze einweichen, wie auf der Packung vorgegeben.

Das Öl erhitzen und das Trockenfleisch mit dem Gemüse darin braten, bis dieses bissfest ist. Ananas ggf. in Stücke schneiden und zugeben.

In einem großen Topf den Ananassaft mit Honig, Essig und Sojasauce aufkochen, ggf. etwas Wasser dazugeben, damit es mehr Sauce gibt. Mit Speisestärke binden.

Die Trockenfleisch-Gemüse-Mischung unterühren. Dazu Reis oder gebratene Nudeln servieren.

Mit Trockenfleisch und Datteln gefüllte Zwiebeln

Zutaten:

4 Gemüsezwiebeln
40 g Trockenfleisch, fein geschnitten
50 g Datteln, gehackt
2 EL Haferflocken
1 Ei
Salz, Pfeffer

Zubereitung:

Die Zwiebeln schälen, das obere Drittel abschneiden (anderweitig verwenden) und 3 Minuten in Salzwasser kochen. Die Zwiebeln vorsichtig aushöhlen.

Das Ausgehöhlte klein hacken und mit Trockenfleisch, Datteln, Haferflocken und Ei vermischen. Mit Salz und Pfeffer würzen.

Die Zwiebeln mit der Masse füllen und 30 Minuten bei 180° C im Backofen backen.

Trockenfleisch-Polenta-Chips

Zutaten:

0,5 l Gemüsebrühe
250 g Maisgrieß
3 El Olivenöl
100 g Trockenfleisch, gemahlen
Paprika

Zubereitung:

Brühe mit Öl aufkochen und den Grieß einrühren. Trockenfleisch unterrühren. Ganz kurz zusammen kochen, ggf. etwas Wasser unterrühren, damit die Masse streichfähig wird.

Die Masse auf ein mit Backpapier belegtes Blech streichen und auskühlen lassen.

Sobald die Masse fest ist, Formen ausstechen, mit Öl bepinseln und würzen. Bei 200° C im Backofen backen, bis sie knusprig sind. Alternativ in einer Pfanne mit etwas Olivenöl braten.

Trockenfleisch-Buletten

Zutaten:

2 Zucchini
2 Zwiebeln
2 Eier
100 g Trockenfleisch, fein geschnitten
Semmelbrösel
Salz, Pfeffer
Öl zum Braten

Zubereitung:

Die Zucchini waschen und raspeln, Zwiebel schälen und würfeln. Zucchini, Zwiebeln, Eier und Trockenfleisch vermengen.

So viel Semmelbrösel unterrühren, bis der Teig sich formen lässt. Mit Salz und Pfeffer abschmecken. 10 Minuten ruhen lassen.

Dann Buletten formen und in heißem Öl von jeder Seite ca. 10 Minuten ausbacken.

Eierbrot mit Trockenfleisch

Zutaten:

8 Scheiben Brot
40 g Butter
8 Eier
80 g Trockenfleisch, fein geschnitten oder gemahlen
Paprika
Salz, Pfeffer

Zubereitung:

Mit einem Glas oder einer großen Ausstechform aus den Brotscheiben Löcher ausstechen.

Die Butter in einer großen Pfanne zerlassen und die Brotscheiben hineinlegen. Trockenfleisch in den Löchern verteilen und je ein Ei in die Mitte geben. Mit Gewürzen bestreuen und langsam stocken lassen, bis die Eier gar sind.

Selbst gebaute Biltong-Box

Sie benötigen:

4 Seitenteile 80 x 30 cm
3 Böden 50 x 30 cm
8-10 Stangen (Holz oder Metall),
52 cm lang, Durchmesser 1 cm
2 Scharniere
1 kleiner Ventilator

Bauanleitung:

3 Seitenteile der Box verschrauben. Im unteren Bereich (A) Löcher für die Luftzirkulation bohren. Zwei Böden ebenfalls durchlöchern. Den Einlegeboden in 20 cm Höhe einbauen. Im oberen Bereich (B) an den Seiten Löcher für die Stangen vorbohren, am besten versetzt in 10 und 15 cm von der Decke. Stangen durchziehen (C).
Die Tür mit den Scharnieren befestigen.

Den Ventilator in den unteren Bereich platzieren.

Das vorbereitete Trockenfleisch mit kleinen Haken an den Stangen aufhängen und den Ventilator einschalten. Die Luftzirkulation bewirkt eine schnelle Trocknung.

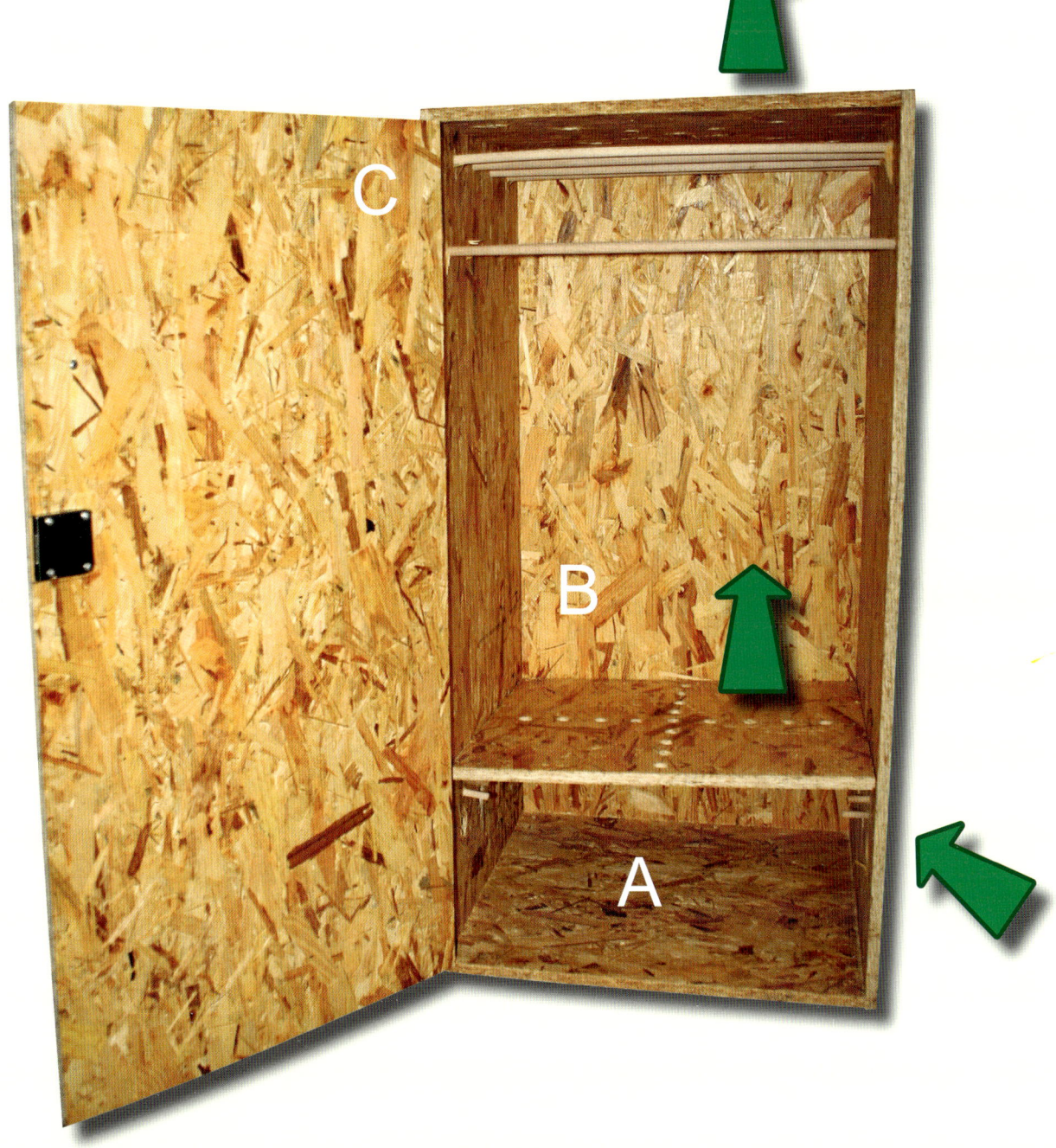

Außerdem in der Reihe „Alte Küchenschätze" erschienen:

Nüsse
Herkunft - Arten - Köstlichkeiten
Diewald / Scholz
Format: 20x21 cm, 128 Seiten,
durchg. Farbfotos
ISBN 978-3-7888-1505-9

Quitten
Geschichte - Anbau - Köstlichkeiten
Diewald / Scholz
Format: 20x21 cm, 128 Seiten,
durchg. Farbfotos
ISBN 978-3-7888-1285-0

Holunder
Duftige Blüten und aromatische
Beeren zum Genießen
Diewald / Rudnick
Format: 20x21 cm, 128 Seiten,
durchg. Farbfotos
ISBN 978-3-7888-1439-7

Bei uns werden nach jedem Fotoshooting die Models vernascht!

Das Fotomaterial in diesem Buch ist in unserer eigenen Studio-Küche entstanden.
Dort wurden alle Gerichte frisch zubereitet und fotografiert. Dabei arbeiten wir mit keinerlei
Stoffen, die die Lebensmittel ungenießbar machen würden.
Keines der gezeigten Gerichte wurde entsorgt, sondern gegessen oder konserviert.

Wir achten Lebensmittel!

Es ist eine Maxime unseres Verlags, auch bei Fotoshootings sorgfältig damit umzugehen.

Wir arbeiten mit hochwertigen Produkten von:

www.hengstenberg.de
Tel. 0711 / 39 29 0
Mail: info@hengstenberg.de

Schaper Trier
www.ccschaper.de
Tel. 0651 / 82580

www.agrarfrost.de
Tel. 04434 / 87 - 0
Mail: info@agrarfrost.de

www.bosfood.de
Tel. 02132 / 139 - 0
Mail: service@bosfood.de

www.teeundkraut.de
Tel. 04744 / 7307976
Mail: info@teeundkraut.de

Notizen

Notizen

Impressum

© 2. Auflage, 2014
   Verlag J. Neumann-Neudamm AG, Melsungen
   Schwalbenweg 1, 34212 Melsungen
   Tel. 05661/9262-26
   Fax 05661/9262-19
   www.neumann-neudamm.de

Sämtliche Inhalte sind vom Verlag sorgfältig geprüft worden. Für etwaige Fehler oder unrichtige Wiedergaben wird keine Haftung übernommen.
Die Zutaten im Rezeptteil sind, wenn nicht anders angegeben, für 4 Portionen berechnet.

Printed in the European Community
Autor: Claudia Diewald
Umschlag/Satz/Layout: Agentur CD*PR, Daniela Harings
Fotos: Wolfgang Angsten (Seite 51: © juefraphoto – Fotolia.com)
Druck und Verarbeitung: PARIO PRINT

ISBN 978-3-7888-1462-5